曹操的人生哲學

——梟雄人生

《中國人生叢書》前言

中國聖賢是一個神聖的群體。他們是思想智慧的化身，道德行為的典範，進取成功的象徵。他們或者以自己的思想學說影響歷史，併構成民族性格與靈魂；或者他們本身即親身創造歷史，留下光照千秋的業績。

但歲月流轉，時代阻隔，語言亦發生文句變化。更不用說人生代代無窮已，歷來學問家詮釋演繹聖賢學說，形成眾多門戶相左的學派，同時又相應神化聖賢事跡。於是，聖賢便高居雲端，使常人可望不可及，只能奉為神明，頂禮膜拜。

然而，消除阻隔，融匯古今，無論學問思想，或者智勇功業，如此二者常常並不是分離的，且必然是人生的，為社會人生而存在的。這就是聖賢學說、智略、勇氣、運籌、奔走、苦鬥，成功的經驗，失敗的教訓，乃至道德文章，行為風範，也體現為一種切實的人生。因為聖者賢者也是人。

這是一種存在，無須多說甚麼。但存在對每一個人並不意味著親切，也不意味著自覺。我想聖賢人生與我們這些凡夫俗子的人生加以聯繫。聖賢不正是一個凡夫俗子，經許多努力，經許多造就，才成其為聖者賢者的嗎？

當然還有一個重要方面，時世使然矣，這就是歷經漫漫千年的中古時代，又歷經憂患求索的百年近代，世界文化已在衝擊中國人的生存方式。該如何確立中國人的人生路，我總認為無論是作為一種一脈相承的文化淵源，還是作為一種參照與啟迪都莫如了解中國聖賢人生，莫如將我們平凡的人生從聖賢人生與學說找到佐證，找到圭臬。所謂古人不見今時月，今月曾經照古人。正是由此理解，由此思忖，我嘗試撰寫了《莊子的人生哲學》，問世以來即引起讀者的關注與歡迎。並且成為我組織一套《中國人生叢書》的直接引線。

我大致想好了，依然如《莊子的人生哲學》一樣，一書寫一聖賢人物。我還不揣譾陋，以我的《莊子的人生哲學》為範本，用一種隨筆的文體與筆調，古今結合，史論結合，聖賢人生與凡生結合，我還要求每一位作者對他所寫的聖賢人物，結合自己的人生閱歷對聖賢寫出獨特的人生體驗。我請了我的多位具卓越才識的朋友，他們都極熱心地加盟這套書的寫作，並至順利完成。

現在書將出版了，我需感謝我的朋友們，感謝出版社，希望更多的讀者喜歡它。

揚帆

《中國人生叢書》前言附語

《中國人生叢書》原寫的對象俱為中國歷史上聖賢人物的人生哲學，如老莊、孔、孟等。因之《中國人生叢書》前言亦是交代這一部分書若干種的來由。

實際「中國人生」是一個涵蓋更為豐富廣闊的概念，這是明白的。因之，揚智文化事業股份有限公司的葉忠賢先生擬擴大它的規模，至少在內涵上應與「中國人生」更相符合些，這是自然的。無論是循名責實，還是作為實業上的某種建樹，出版者這樣想都是順理成章的。當然，從讀者這方面考慮，中國人文史漫漫數千年，寫人生哲學也不應只有這幾位聖賢人物，應該給讀者更廣闊的視野，更寬廣的精神空間。此亦情理之中的事。如此，本叢書又引進《曹操的人生哲學》、《李白的人生哲學》、《袁枚的人生哲學》等諸種，相應說明如下：

1.原來《中國人生叢書》聖賢諸種再加現在諸種，即為中國人生叢書的全部。

2.後續所加人物，其人生品格與聖賢是有差別的，這一點不言自明。

3.為保持此叢書的形式統一，前言不變，特加此「附語」加以說明，亦祈讀者諸君明鑑。

揚帆

於廣濟居

目錄

《中國人生叢書》前言　003

《中國人生叢書》前言附語　003

千古一曹操　1

少年頭角……結交清議名流……乘亂而起說忠奸

屯田講武……建安大手筆……且與孔明孰短長

所求大事，當不疑　23

初生牛犢不畏虎……無膽識說不得不平話……初遂心願

誅董卓，爲天下倡……定天下者，斯人也………〈薤露行〉
河南戰略……圍魏救趙之策……經營根本

吾任天下之智力 53

爲一躍而退……伊尹、霍光之志……何必紛紛召外將
諸君面北，我自向西……〈蒿里行〉……奉天子以令不臣
我願何時遂……坐定遼東……勝一人難，勝二人易

帷才是舉 88

天下三分爭人才㈠……天下三分爭人才㈡……求賢令
高世之才，遺俗之累……蘇秦非信、陳平不篤
勸君做個魏無知……至德之人……也說傳統
伯夷之風，史魚之直……不喜得荊州……羅致人才
王粲把酒頌曹公……三分英傑俱遺憾

挾天子以令諸侯 133
挾天子以令諸侯……最初的迂迴婉轉……不如人家且放手
離間袁術、呂布……拜託陳家父子……戰略進攻
進攻與安撫並舉……開誠納張繡……天下英雄誰敵手？曹劉
總見青山送流水……不惟天時，抑亦人謀
三道防線，一座糧倉……烏巢奇蹟……方與將軍會獵於吳
江東廟算……彼此一曹操
用霸術兼糅王道（上） 190
王霸生於人心……由來王霸雜糅……曹操用王霸
不得慕虛名而處實禍……止戈爲武與揮戈爲武
寧我負人，毋人負我……曹操與華佗……曹操與孔融
破浮華交會之徒……曹操與禰衡

用霸術兼糅王道（下）　227
定關中之策……忠臣情結……控制中央朝廷
建立國上之國……打擊劉漢集團……掃滅擁漢派
歷史常常無是非……最後只有善惡……道德無所不在
也見相惜惺惺　261
千古人情送關羽……吾聞以仁孝治天下者……公不見丁原、董卓乎？
河北多義士……斯文同骨肉……也是尋常情理
淚祭袁紹……體惜忠義……造之者富，隨之者貧
雍齒封侯，我何憂哉……〈封功臣令〉……我有嘉賓，鼓瑟吹笙
通脫其人　301
設使天下無孤……人才觀情態……徵召司馬懿

好色亂禮……曹操妻妾……立賤
以愛登后……爾曹皆當出嫁……痴絕分香賣履心
鄴下文采風流……雖違衆，吾從下
曹公莽莽，古直悲涼 337
壯想「度關山」……散關山，此道當何難
不戚年往，憂世不治……老驥伏櫪，壯心不已……天威在顏咫尺
悠悠我心在子衿……悲彼〈東山〉詩……生命之「氣出唱」
壽比南山不忘愆……悲涼碣石心
跋 373